U »Ben liebt Anna« im Unterricht

INHALTSANGABE

U.1

Dass auch Kinder schon wissen, was es bedeutet, verliebt zu sein, erzählt Peter Härtling in seiner erstmals 1979 erschienenen Geschichte »Ben liebt Anna«.

Der zehnjährige Benjamin Körbel ist verliebt – in Anna, die neu in seiner Klasse ist. Sie kam mit ihrer Familie zu Beginn des Schuljahres aus Polen nach Deutschland. Anfangs steht sie am Rand der Klassengemeinschaft. Sie trägt altmodische Kleider und einen langen Zopf. Ben findet sie zwar interessant, ärgert sich aber, dass Anna keine Initiative ergreift, sich den Kindern anzuschließen. Nachdem er ihr in der Pause einen Ball an den Kopf geworfen hat, entschuldigt sich Ben bei Anna und sagt ihr, dass er sie mag (S. 17 f.).

Ben weiß nicht, wie er mit seinen Gefühlen umgehen soll. Er empfindet große Zuneigung zu Anna, kann sie aber nicht zeigen oder traut sich nicht. Ben fragt seinen drei Jahre älteren Bruder um Rat, doch er fühlt sich nicht ernst genommen. Als Holger Bens Gefühle den Eltern verrät (S. 27 f.), wird er sauer. Diese reagieren positiv auf die Neuigkeit und würden Anna gern kennenlernen. Aus den angestauten Gefühlen entsteht Wut, die Ben dann meist im unpassenden Moment ablässt. Als Bens Freund Bernhard beginnt, sich auch für Anna zu interessieren, wird er richtig wütend. Deshalb macht er ihn zum Gespött der Klasse, indem er ihm ein Mondgesicht auf den Hintern klebt.

Eines Tages folgt Ben Anna nach der Schule nach Hause, und sie lädt ihn ein, mit hereinzukommen (S. 35). Sie lebt mit ihren Eltern und vier ihrer sechs Geschwister in einem Übergangswohnheim in sehr beengten Verhältnissen. Verwirrt geht Ben wieder nach Hause.

Bei einem Klassentraining für das Fußballturnier versucht Ben, Anna zu beeindrucken. Da er aber kein guter Fußballspieler ist, geht das gründlich in die Hose – Anna lacht ihn sogar aus! Zu Hause schreibt er ihr einen Brief und fragt sie darin auch, ob sie mit ihm gehen möchte (S. 39 f.). Doch er muss lange auf eine Antwort warten. Um Anna ein wenig zu vergessen, verabredet er sich mit Bernhard zum Spielen. Kurz vor den Pfingstferien antwortet Anna schließlich. Sie lädt ihn zu sich nach Hause ein (S. 50). Ben macht sich für den Besuch schön. Er fühlt sich bei Annas Familie sehr wohl – es geht laut und fröhlich zu. Nach dem Essen zeigt Anna ihm ihr Geheimversteck. Dort liegen sie lange nebeneinander und lesen dann draußen Comics. Zum Abschied küsst Ben sie ungeschickt.

Am nächsten Tag darf Anna mit Bens Familie und dem lustigen Onkel Gerhard einen Ausflug zum Stausee machen. Die beiden setzen sich bei einem Familienspaziergang ab und baden nackt im See (S. 76 f.). Dabei sind sie etwas verwirrt, weil ihre Gefühle neu für sie sind. Danach sitzen sie nebeneinander und wärmen sich, bis sie trocken sind. Der schöne Tag endet mit Würstchen am Lagerfeuer.

Ben fürchtet die Begegnung mit Anna nach den Ferien. Dann steht auch noch an der Tafel »Ben liebt Anna« (S. 83). Der Klassenlehrer Herr Seibmann versucht, die Situation für Ben zu retten, indem er darunter schreibt »Anna liebt Ben«. Ben fühlt sich elend und darf nach Hause. Tatsächlich bekommt er hohes Fieber. Bevor er wieder in die Schule gehen darf, erzählt ihm sein Vater, dass Annas Vater eine Arbeitsstelle in einer weit entfernten Stadt gefunden hat und die Familie umziehen wird. Ben ist sehr traurig. An seinem ersten Schultag nach der Krankheit holt Anna ihn zu Hause ab (S. 89). Nach der Abschiedsparty für Anna in der Schule begleitet Ben sie nach Hause und verabschiedet sich von ihrer Familie. Um der Abschiedssituation zu entgehen, rennt Anna davon. Ben nimmt sich vor, ihr bald zu schreiben.

Peter Härtlings preisgekrönter realistischer Kinderroman ist bis heute eine der beliebtesten Klassenlektüren im deutschsprachigen Raum. »Ben liebt Anna« besticht durch eine thematische und sprachliche Tiefe sowie durch überzeugende Figurenprofile.

U.2 DIDAKTISCHES PROFIL DES ROMANS

Das didaktische Potenzial des Romans als Unterrichtslektüre liegt in der Verknüpfung von vertrauten, assimilativen und eher neuen, akkomodativen Aspekten.[1] Vertraute Charakteristika des Textes, wie etwa in den Dimensionen Thematik, Figuren, Wirklichkeitsbezug usw. ermöglichen den Schülerinnen und Schülern, einen eigenen, individuellen Zugang zum Text zu finden und schaffen so Anknüpfungsmöglichkeiten für eine eigene Textdeutung (Assimilation). Dieser Aspekt zeigt das lesefördernde Potenzial der Erzählung. Der Bereich des literarischen Lernens, auch »literarische Rezeptionskompetenz«[2] genannt, wird durch die neuen, zusätzlichen Anforderungen, die der Text an das literarische Verstehen der Schüler/innen stellt, angesprochen. Tabellarisch kann das didaktische Profil des Romans folgendermaßen dargestellt werden:

1 Vgl. Rank, Bernhard: Leseförderung und literarisches Lernen. In: Lernchancen, 8. Jg., H. 44, S. 4–9.
2 Ebd., S. 5.

Dimension des Textes	Das Vertraute: Möglichkeit zur Assimilation (Leseförderung)	Das Neue: Notwendigkeit zur Akkomodation (literarisches Lernen)
Wirklichkeitsbezug	▶ Realitätsnahe Schilderung	
Thematik	▶ Freundschaft ▶ Verliebtsein ▶ Familie ▶ Schule	▶ In einem fremden Land ein neues Leben beginnen ▶ Kultur von Spätaussiedlern ▶ Umgang mit unbekannten Gefühlen
Figuren	▶ Ben und Anna als positive Identifikationsfiguren ▶ Verständnisvolle Erwachsene, v. a. Bens Eltern, Annas Eltern, Herr Seibmann, Onkel Gerhard	▶ Überschreiten von Geschlechterrollenstereotypen: Ben als sensibler Junge, Anna als starkes Mädchen
Sprache/Stil	▶ Einfache Sprache und Syntax ▶ Viel wörtliche Rede ▶ Äußere und innere Handlung	▶ Teilweise veraltete Begriffe
Literarische Formelemente/Erzählkonzept	▶ Überschaubare Anzahl von Figuren ▶ Illustrationen ▶ Lineare Erzählung	▶ Wörtliche Rede ohne Anführungszeichen ▶ Vorweg-Erklärung des Autors ▶ Offener Schluss

Insgesamt lässt sich damit eine gelungene Mischung aus lesefördernderm Potenzial und Notwendigkeit zur Akkomodation vorhandener Verstehensschemata ausmachen. Besonders geeignet erscheint »Ben liebt Anna« dabei für die Klassenstufen 3 bis 5. Die Integration von fächerübergreifenden Aspekten (v. a. Sachunterricht und Kunst) bietet sich an.

»Ben liebt Anna« im Unterricht © Beltz Verlag · Weinheim und Basel

LITERARISCHES PROFIL DES ROMANS

u.3

Erzählweise

Wie alle Kinderromane von Peter Härtling ist auch »Ben liebt Anna« eine realistische Erzählung. Sie ist in 14 Kapitel von überschaubarer Länge gegliedert. Die Kapitelüberschriften geben bereits einiges vom Inhalt der Kapitel preis. Illustriert ist der Text mit Kohlezeichnungen von Eva Muggenthaler.

Das Erzählerverhalten ist weitgehend subjektiv personal. Die Ereignisse werden aus Bens Sicht in der 3. Person geschildert, seine Gedanken und Gefühle werden einbezogen. Der Wissenshorizont des Erzählers ist dem von Ben gleichgeordnet. Sein Standpunkt zum Geschehen und zu den Figuren ist häufig neutral, in Einzelfällen jedoch durchaus explizit wertend. An einigen Stellen, vor allem an Kapitelanfängen, bei orientierenden Sätzen oder bei erzählerischen Raffungen, finden sich auktoriale Züge im Erzählkonzept.

Die Handlung wird weitgehend linear und im epischen Präteritum erzählt. Eine Ausnahme sind die ersten beiden Kapitel. Der Einstieg ins Buch erfolgt im szenischen Präsens. Das Gespräch zwischen Ben und seiner Mutter sowie die Schilderung des weiteren Nachmittags sind in der Gegenwart verfasst. Im zweiten Kapitel erfolgt dann ein Rückblick, mithilfe dessen dem Leser die Situation zu Anfang des Schuljahres, als Anna neu in die Klasse kam, näher gebracht wird. Dabei stehen die ersten beiden Abschnitte (S. 12) im Perfekt, die weiteren Erläuterungen zum Verhalten der Mitschüler/innen gegenüber Anna in den nächsten Tagen und Wochen erfolgen im Präteritum. Diese Zeitform wird dann bis zum Ende des Romans beibehalten.

Der geschilderte Zeitraum umfasst ein knappes Schuljahr von Annas Ankunft in der Klasse zu Schuljahresbeginn bis zu ihrem Wegzug kurz vor den Sommerferien.

Sprachlich ist die Erzählung relativ einfach gehalten. Größtenteils findet der Grundwortschatz von Kindern Verwendung, Fremdwörter werden kaum benutzt. Vielmehr beinhaltet der Text innerhalb der Figurenrede umgangssprachliche und konzeptionell mündliche Formulierungen, z. B.: »Du, Holger, sag mal, wie is'n das, wenn man verknallt ist?« (S. 10).

Charakteristisch für Peter Härtlings Stil ist, dass er auf die Anführungszeichen zur Kennzeichnung der wörtlichen Rede verzichtet. Der Autor betrachtet wörtliche Rede und Erzähltext als gleichwertig und will dies durch den Verzicht auf Anführungszeichen deutlich machen. Für die Leser/innen ist das etwas gewöhnungsbedürftig, stellt aber keine große Schwierigkeit dar.

Themen und Motive

Ein großer Teil der Handlung findet in der **Schule** statt. Bernhard, Regine, Gesine, Katja und Jens (S. 12 ff.) sind Mitschüler von Ben, die gemeinsam mit ihm die vierte Klasse einer Grundschule besuchen. Alle weiteren Schüler/innen werden nicht namentlich erwähnt. Herr Seibmann (S. 12) ist ihr meist recht geduldiger, verständnis- und humorvoller Klassenlehrer. Als Anna zu Anfang des Schuljahres neu in die Klasse kommt, hat es die Zehnjährige trotz aller Bemühungen des Klassenlehrers (S. 12 f., 14) zunächst schwer. Sie wird von ihren Mitschülern nicht akzeptiert, sondern ignoriert und beleidigt: »Katja rückte gleich ein bisschen weg von Anna« (S. 12); »In den nächsten Tagen kümmerte sich niemand um Anna« (S. 13); »Die ist blöd, sagte sie [Regine], die redet nicht mit mir. Die ist saudumm, kann ich euch sagen« (S. 16). Keiner versetzt sich in Annas Lage. Ihr durch Unsicherheit begründetes stilles Auftreten und ihr auf die Kinder in Bens Klasse ungewöhnlich wirkendes Erscheinungsbild – »Alles war komisch an Anna. Sie hatte keine Jeans an, sondern ein zu langes, altmodisches Kleid. Sie hatte nur einen Zopf und auch der war zu lang. Sie war blass und dünn und schniefte« (S. 12) – werden zum Anlass genommen, sich über sie lustig zu machen und sie auszugrenzen. Auch Ben findet Anna zunächst scheußlich und meint, sie passe nicht in die Klasse (S. 12). Ihre riesigen braunen und ungeheuer traurigen Augen (S. 12, 17) machen ihm Angst (S. 12 f.). Dann aber beginnt er, sie zu verteidigen (S. 13), und gesteht sich ein, wenn auch nur zögerlich, dass er sie mag. Überrascht ob seiner Gefühle für Anna und unsicher in dieser ihm neuen Situation weiß er sich nicht zu verhalten. Auf dem Schulhof kommt es schließlich zu einem Vorfall, der Ben gänzlich verwirrt: »Anna stand unterm Kastanienbaum an der Schulhofmauer. Wieder alleine für sich. Sie stand da wie ein Ausrufezeichen. Richtig vorwurfsvoll. Ben fand das doof. Blöde Kuh, dachte er. Wir wollen ja. Die will nicht!« (S. 16). Aus lauter Wut wirft er ihr einen Ball an den Kopf. Nach der Pause entschuldigt er sich bei Anna. Erstaunlicherweise ist sie ihm nicht böse und sagt, dass sie hauptsächlich geweint hat, weil alle Kinder sie ablehnen. Ben erwidert: »Ich mag dich aber.« Im selben Moment bereut er seine Offenheit und rennt schreiend davon, um nicht ihre Antwort hören zu müssen (S. 17 f.).

Ben stürzt in ein völliges Gefühlschaos. Von seinem älteren Bruder Holger will er wissen, wie sich **Verliebtsein** anfühlt (S. 10). Zwischen Unsicherheit, Eifersucht, Enttäuschung und Zuneigung schwankend, verhält sich Ben in den kommenden Wochen anders als sonst. Er prügelt sich mit Jens (S. 21), ist eifersüchtig auf Bernhard, der Anna plötzlich doch gut findet, und stellt ihn deshalb mit einem Sticker auf dem Hintern vor der Klasse bloß (S. 22 ff.), frischt die Freundschaft zu ihm aber doch wieder auf, als er sich von Anna ablenken will (S. 41 ff.). Er streitet sich mit seinem Bruder, der den Eltern von Anna erzählt (S. 27 f.). Nur von seiner Meersau Trudi fühlt Ben sich verstanden.

Bens Eltern zeigen sich interessiert, als sie von Anna erfahren (S. 27 f.). Der Vater legt die Zeitung beiseite. Offen und verständnisvoll, nehmen sie Ben ernst (»Vater sprach ohne Spott«, S. 28) und lassen seine Verliebtheit damit nicht als »Kinderei« erscheinen.

Nach und nach kommen sich Anna, die inzwischen weitgehend integriert ist und von den Mitschülerinnen und Mitschülern akzeptiert wird, und Ben näher. Sie schreiben sich Briefe, besuchen sich in den Pfingstferien gegenseitig zu Hause und genießen Momente der Zweisamkeit, in denen sie sich auch körperlich annähern (S. 61 ff., 78 f.). Doch nach den Pfingstferien scheint alles anders zu sein. Anna distanziert sich von Ben, sie tuschelt mit Jens (S. 82). Zusammen mit der Klasse lacht sie über den Satz »Ben liebt Anna«, den jemand an die Tafel geschrieben hat (S. 83). Ben fühlt sich von ihr verraten und wird krank. Doch beim Abschied sagt sie: »Ich bin traurig. Wegen dir. Weil wir uns dann nicht mehr sehen« (S. 90) und küsst ihn auf die Wangen. Ben stellt zum Schluss noch einmal fest: »Ich hab Anna wirklich lieb« (S. 92).

Sowohl Ben als auch Anna nutzen das **Schreiben** als eine Art Ventil, um ihre Gefühle auszudrücken. Ben schreibt Anna einen Brief (S. 39 f.), in dem er ihr sagt, dass er ihr Verhalten beim Fußballspiel nicht nett fand, und bittet sie, ihn nicht mehr auszulachen. Außerdem offenbart er seine Gefühle und fragt sie, ob sie mit ihm gehen will. Nach einiger Zeit wird sein Brief auch von Anna beantwortet (S. 50). Sie möchte in den Ferien etwas mit Ben unternehmen. An einem hausaufgabenfreien Nachmittag schreibt Ben alles, was ihm zu Anna einfällt, auf ein Blatt (S. 54). Am Ende des Romans nimmt sich Ben vor, Anna gleich einen Brief zu schreiben (S. 92).

In Form von Bens und Annas Umfeld treffen unterschiedliche soziale Milieus und **Familienkonstellationen** aufeinander. Familie Körbel repräsentiert dabei die gehobene Mittelschicht mit eigenem Haus und Garten, das Aussiedlermädchen Anna hingegen lebt mit ihrer Familie in den »Barackenwohnungen am Kleiberweg« in beengten Verhältnissen. Die Körbels haben zwei Söhne, außerdem wird noch der etwas exzentrische Onkel Gerhard erwähnt. Familie Mitschek hat sechs Kinder, wovon zwei eine Heimschule besuchen. Bei Anna zu Hause geht es laut und fröhlich zu. Das gefällt Ben. Sowohl in Bens als auch in Annas Familie werden die Erwachsenen durchgehend positiv und verständnisvoll gezeichnet.

Metaphern und Symbolik

Der Roman verfügt über einige sprachliche Bilder und symbolisch zu verstehende Beschreibungen:

- Trudi, das Meerschwein, steht für Harmonie und Gelassenheit. In schwierigen Situationen sucht Ben bei ihr Zuflucht und erzählt ihr von seinen Sorgen und Nöten (S. 11, 27, 39).
- »In ihm krabbelte es wie in einem Ameisenhaufen« (S. 21, ähnlich S. 24): Dies beschreibt Bens innere Unruhe und Angespanntheit.
- Dass Ben durch die Liebe zu Anna aufblüht, zeigt sich auf S. 59: Holger bemerkt, er bräuchte Anna keine Blumen mitzubringen. Er sei selber eine.
- Onkel Gerhard vergleicht Ben und Anna mit »zwei Vögelchen auf der Stange« (S. 74), weil sie ganz eng beieinander auf dem Rücksitz sitzen.
- Orte der Zweisamkeit liegen versteckt und einsam: Das Holzhäuschen ist versteckt hinter Gestrüpp neben einem verlassenen Bahngleis (S. 61 f.); die Szene »Ben und Anna tauchen« spielt an einem abgelegenen Waldsee (S. 76 f.).
- »Sie rollten miteinander in eine Kuhle« (S. 80). Die Kuhle bedeutet Schutz, Geborgenheit und Abgeschlossenheit.
- Ben gelingt es im Gegensatz zu Anna nicht, die Bahnschwellen zu überspringen (S. 61).
- Bens Krankheit (S. 88): Ben kommt nicht mehr mit der für ihn unklaren Situation zurecht und wird krank.

Die Namen der Protagonisten sind sicher nicht zufällig gewählt. Der Name »Benjamin« kommt aus dem Hebräischen und wurde durch die Bibel bekannt. Er leitet sich von »benymyn« her und kann wörtlich als »Sohn von rechts« und übertragen als »Sohn des Südens« verstanden werden. Die Bedeutung wurde später zu »Sohn meiner rechten Hand« (d.h. Sohn des Glückes) uminterpretiert.

Auch »Anna« kommt aus dem Hebräischen. Es ist eine Variante des hebräischen Namens Hanna, in der Bedeutung »Gnade, Huld«.

DEUTUNGSPERSPEKTIVEN

u.4

Peter Härtlings »Ben liebt Anna« zählt nicht zufällig zu den beliebtesten deutschsprachigen Kinderromanen und auch Klassenlektüren.

Der Roman ist vor allem als Plädoyer für den Eigenwert und die Eigengesetzlichkeit von Kindheit und Jugend zu lesen. Den beiden Protagonisten wird Verliebtheit und Liebe in einem sehr selbstverständlichen Maße zugestanden. Damit bricht Härtling mit der Ansicht, Kinder könnten »noch gar nicht wissen, was Liebe ist« (vgl. Vorwort, S. 5). Auffällig ist, dass sich das Innenleben von Anna und Ben kaum von dem verliebter Erwachsener unterscheidet. Erstes Interesse, das Kribbeln im Bauch, intensive Gespräche, die Sehnsucht nacheinander, erste körperliche Annäherungen oder auch sehr intime Begegnungen (z.B. am See oder in Annas Häuschen), aber auch Irritationen, Verletzungen, Eifersucht und Liebeskummer zeugen von den durchaus reifen Gefühlen der beiden.

Peter Härtling lässt uns tief in die Gedanken- und Gefühlswelt der beiden Hauptfiguren, vor allem Bens, eintauchen. Dabei wird die Liebe zu Anna zum Katalysator für Bens seelische und geistige Entwicklung. Der Ben am Romanende wirkt trotz der Trauer um Annas Wegzug merklich gereift.

Der Autor zeigt bei alldem keine heile Welt, sondern eine Realität mit Widersprüchen. Interessant ist, dass Ben und Anna aus verschiedenen sozialen Schichten stammen (gutsituierte Mittelschicht vs. Aussiedler), woraus sich zum Teil der besondere Reiz der Beziehung zwischen ihnen erklärt. Gesellschaftliche Integration wird hier konkret erfahrbar: Die Gespräche, gegenseitigen Besuche, Essenseinladungen oder Ausflüge verweisen immer auch auf größere gesellschaftliche Fragen, z.B. auf den Umgang zwischen Eltern und Kindern oder auch auf den Erziehungsauftrag der Schule. Gerade für letzteres Thema ist die Figur des Klassenlehrers entscheidend: Herr Seibmann wirkt als moralische Instanz mit großer Sensibilität und Engagement. Gleichzeitig wirbt Härtling, z.B. mit der Figur des schrulligen Onkels Gerhard, für die Verschiedenheit der Menschen.

Auffällig ist, dass sowohl Anna als auch Ben traditionelle Geschlechterrollen überschreiten: Anna ist in vielen Situationen selbstbewusst und selbstbestimmt, gerade bei der Gestaltung ihrer Beziehung zu Ben. Ben wiederum zeigt sich durchweg als sensibel, zuweilen tief verletzt und den Tränen nahe. Beide Figuren verbinden damit starke weibliche mit starken männlichen Eigenschaften und wirken ausgesprochen androgyn. Damit machen sie jugendlichen Leserinnen und Lesern Mut, ihre eigenen Gefühle wahrzunehmen und mit diesen konstruktiv umzugehen.

u.5 METHODENKISTE

Im Folgenden machen wir Vorschläge für mögliche Arbeitsweisen mit »Ben liebt Anna« im Unterricht und verbinden sie mit anzustrebenden Kompetenzen im Deutschunterricht. Dabei beziehen wir uns auf die von der Kultusministerkonferenz (KMK) verabschiedeten »Bildungsstandards für das Fach Deutsch für die Primarstufe«, die die verbindliche Grundlage für alle in den Ländern zu entwickelnden Lehr- und Bildungspläne in der Grundschule darstellen. In der rechten Spalte geben wir jeweils mögliche Beispiele für eine konkrete Umsetzung im Unterricht.

Zahlreiche methodische Möglichkeiten sprechen mehrere Bildungsstandards an. Wir haben uns zum Zwecke der Übersichtlichkeit jeweils für einen Bildungsstandard des Bereichs 3.3 (»Lesen – mit Texten und Medien umgehen«) entschieden. Häufig lassen sich auch evidente Bezüge zu den Bildungsstandards der anderen Bereiche herstellen. Darüber hinaus stehen die methodischen Möglichkeiten in Verbindung mit einem fächerübergreifenden Ansatz (v. a. mit dem Sachunterricht), der sich je nach Klassensituation, Vorwissen und Interessen der Schüler/innen modifizieren lässt.

Bildungsstandards	Methoden	Beispiele
→ Über Lesefähigkeiten verfügen		
• Altersgemäße Texte sinnverstehend lesen	• Ein Kapitel oder eine besonders wichtige/lustige Stelle vorlesen. Dafür den Lesevortrag vorbereiten und üben sowie die Auswahl der Textstelle begründen	• z. B. Kapitel 2
• Lebendige Vorstellungen beim Lesen und Hören literarischer Texte entwickeln	• Dialoge sinngestaltend vorlesen	• Gespräch mit Holger über's Verliebtsein (S. 10/11) • Kapitel 7 – Nachmittag mit Bernhard
	• Bilder zu Szenen malen, evtl. mit den Illustrationen im Buch vergleichen	• Kapitel 5 → **k.5**
→ Über Leseerfahrungen verfügen		
• Verschiedene Sorten von Sach- und Gebrauchstexten kennen	• Sachtexte lesen	• Thema Spätaussiedler → **i.6**
	• Brief	• S. 39/40, S. 50 → **k.5**
• Kinderliteratur kennen: Werke, Autoren und Autorinnen, Figuren, Handlungen	• Andere Bücher von Peter Härtling lesen und vorstellen	• z. B. »Oma«, »Alter John«, »Das war der Hirbel«, »Mit Clara sind wir sechs«, »Lena auf dem Dach« → **k.10**
	• Thematisch verwandte Bücher kennenlernen	→ **i.7**
• Texte begründet auswählen	• Lieblingskapitel oder -stelle auswählen	• Evtl. bestimmte Kriterien vorgeben: Was ist für dich die schönste/traurigste/lustigste Stelle?
• Sich in einer Bücherei orientieren	• Andere Bücher von Peter Härtling suchen, ausleihen und im Klassenzimmer ausstellen	• z. B. »Oma«, »Alter John«, »Das war der Hirbel«, »Mit Clara sind wir sechs«, »Lena auf dem Dach« • Weitere Bücher zum Thema Verliebtsein/Freundschaft
• Informationen in Druck- und – wenn vorhanden – elektronischen Medien suchen	• Informationen über den Autor suchen	• www.haertling.de → **k.10**
	• Informationen über Spätaussiedler suchen	→ **i.6**
• Die eigene Leseerfahrung beschreiben und einschätzen	• Fragebogen nach der Lektüre	→ **k.11**
	• Buchvorstellung für eine andere Klasse vorbereiten	• Inhaltsangabe und persönliche Einschätzung zum Buch

»Ben liebt Anna« im Unterricht © Beltz Verlag · Weinheim und Basel

Bildungsstandards	Methoden	Beispiele
→ Texte erschließen		
• Verfahren zur ersten Orientierung über einen Text nutzen	• Klappentext • Titelbild	• Vermutungen über die Geschichte in Form einer Mindmap sammeln • Fragen an den Text sammeln und im Laufe der Lektüre beantworten
• Gezielt einzelne Informationen suchen	• Bestimmte Textstellen auffinden	**→ K.2, K.3, K.4, K.7, K.8**
	• Fragen zum Text beantworten	**→ K.4, K.8**
	• Eigene Fragen zum Text stellen	• Klassenquiz • Hausaufgabenquiz
• Texte genau lesen	• Kapitelexperten bestimmen	• Jede Schülerin und jeder Schüler ist Experte für ein bestimmtes Kapitel
	• Kernaussagen eines Kapitels/Abschnitts formulieren	• In Stichworten zu Kapitel 3
	• Textstellen wiederfinden, Textverstehen überprüfen	• Jedes Kapitel geeignet
• Bei Verständnisschwierigkeiten Verstehenshilfen anwenden: nachfragen, Wörter nachschlagen, Text zerlegen	• Worterklärungen suchen	• Arbeit mit dem Wörterbuch • z. B. Kapitel 5 (Baracke, Antrag, Grubenschlosser, Heimschule)
	• Den Text in Sinnabschnitte gliedern	• Ein Kapitel gliedern, zusammenfassen und Überschriften finden (z. B. Kapitel 11)
• Texte mit eigenen Worten wiedergeben	• Kapitel nacherzählen	• Kapitel 7, Kapitel 10
	• Den Romaninhalt mit eigenen Worten ggf. mit schriftlichen oder mündlichen Hilfen wiedergeben	• Nacherzählen einzelner Kapitel mithilfe der Lesekiste
• Zentrale Aussagen eines Textes erfassen und wiedergeben	• Aussagen erklären und konkretisieren	**→ K.3, K.6, K.8**
	• In Partnerarbeit Fragen formulieren und sich gegenseitig befragen; Klassenquiz	• Jedes Kapitel geeignet
• Eigene Gedanken zu Texten entwickeln, zu Texten Stellung nehmen und mit anderen über Texte sprechen	• Bezüge zur eigenen Lebenswirklichkeit herstellen	• z. B. sich verlieben, Freundschaftsbeziehungen, sich unverstanden fühlen **→ K.4**
	• Eine kontroverse Diskussion zu einem Thema oder zu bestimmten Figuren führen	• Warum streitet sich Ben immer wieder mit Jens?
• Bei der Beschäftigung mit literarischen Texten Sensibilität und Verständnis für Gedanken, Gefühle und zwischenmenschliche Beziehungen zeigen	• Figurenkonstellation: Die Figuren charakterisieren und zueinander in Beziehung setzen	• Vgl. **I.5**
	• Gedanken von Figuren herausarbeiten und bewerten	• Kapitel 2: Was denken die Kinder über Anna? Was könnte Anna über sie denken?
	• Stimmungen im Text aufspüren	• Kapitel 6
	• Gefühle beschreiben	• Ben in Kapitel 1 oder 3 **→ K.3**
	• Die Entwicklung von Beziehungen zwischen Figuren darstellen (grafisch oder verbal)	• Ben – Anna **→ K.9** • Ben – Bernhard
	• Mithilfe der Alter-Ego-Technik die möglichen Gedanken von Figuren darstellen	• Anna in Kapitel 2 • Mutter in Kapitel 4
	• Sympathie/Antipathie zu den Figuren thematisieren	• Mit wem kann ich mich identifizieren, mit wem nicht? Warum?
• Unterschiede und Gemeinsamkeiten von Texten finden	• Thematisch ähnliche Texte vergleichend lesen	• Gündisch: Im Land der Schokolade und Bananen – Welche Erfahrungen macht die Aussiedlerfamilie in diesem Buch?

Bildungsstandards	Methoden	Beispiele
• Handelnd mit Texten umgehen: z. B. illustrieren, inszenieren, umgestalten, collagieren	• Einen Comic zeichnen	• Kapitel 7 → k.5
	• Ein Rollenspiel mit Requisiten zu einer Szene planen und durchführen	• Kapitel 13 → k.8
	• Alternativen Schluss schreiben	• Anna zieht nicht weg • Ben und Anna schreiben sich/sehen sich wieder → k.8
	• Tagebucheintrag einer Figur verfassen, um sich in Gefühle und Gedanken von Figuren hineinzuversetzen	• Ben nach seinem Besuch bei Anna → k.6 • Anna nach dem Ausflug mit Bens Familie • Holger nach dem Gespräch mit den Eltern über Anna (Kapitel 4)
	• Brief einer Figur oder an eine Figur	• Ben schreibt Anna, nachdem sie weggezogen ist • Bernhard schreibt Anna, dass er sie auch mag
	• Wandzeitung	• Kapitelübersicht • Figurenkonstellation und -entwicklung
	• Pantomime	• Annas erster Tag in der Klasse • Ben und Anna in ihrem Geheimversteck
	• Ein fiktives Interview mit einer Person führen	• Klassenlehrer Seibmann • Annas Eltern • Ben oder Anna am Ende der Lektüre
	• Eine Collage erstellen	• Thema »Verliebtsein«
	• Musikalische Umsetzung von Gefühlen	• Kapitel 6
	• Ein Kapitel in Ich-Form umschreiben	• Kapitel 2 aus Bens Sicht • Kapitel 9 aus Sicht von Bens Mutter • Kapitel 10 aus Annas Sicht
	• Ein Hörspiel erstellen	• Kapitel 2 oder 3
	• Einen Figurensteckbrief erstellen	• Steckbriefe zu den Mitgliedern von Bens Familie oder zu Bens Schulklasse
	• Ein alternatives Titelbild entwerfen	
	• Einen Handlungsort malen, zeichnen oder nachbauen	• Annas Häuschen (Kapitel 10)
	• Eine Figur zeichnen – nach der Beschreibung im Text oder, wo nicht vorhanden, nach der eigenen Vorstellung	• Anna, Ben, Onkel Gerhard
→ Texte präsentieren		
• Selbst gewählte Texte zum Vorlesen vorbereiten und sinngestaltend vorlesen	• Ein Kapitel bzw. eine besonders wichtige, lustige oder spannende Textstelle vorlesen (ggf. auf Kassette aufnehmen). • Den sinngestaltenden Lesevortrag vorbereiten und üben. • Die Textauswahl individuell begründen	• z. B. Kapitel 2
• Ein Kinderbuch selbst auswählen und vorstellen	• Andere Bücher von Peter Härtling suchen, eines davon auswählen, lesen und der Klasse vorstellen	• z. B. »Oma«, »Alter John«, »Das war der Hirbel«, »Mit Clara sind wir sechs«, »Lena auf dem Dach«

»Ben liebt Anna« im Unterricht © Beltz Verlag · Weinheim und Basel

VORSCHLAG FÜR EINE UNTERRICHTSEINHEIT

u.6

Empfehlenswert ist, die Schüler/innen begleitend zur Arbeit mit dem Roman ein Lesetagebuch führen zu lassen. Hier ist Raum für eigene Gedanken und Notizen, aber auch für im Unterricht erarbeitete Aspekte. Somit ist eine Sicherung der Ergebnisse gewährleistet. Die Schüler/innen können ihre Interessen im Lesetagebuch vertiefen. Außerdem können die bearbeiteten Arbeitsblätter im Lesetagebuch abgelegt werden. So entsteht im Verlauf der Unterrichtseinheit ein individuelles und persönliches Lektürebuch, das als Grundlage für die Reflexion und auch für die Bewertung von Schülerleistungen genutzt werden kann.

Um für eine angenehme Leseatmosphäre zu sorgen, in der auch vertrauensvolle Gespräche zu dem sehr persönlichen Thema »Verliebtsein« möglich sind, können die Rahmenbedingungen des Unterrichts etwas verändert werden. Die Schüler/innen sollten nicht nur an ihren Plätzen lesen dürfen, sondern sich frei im Raum (evtl. auch im Gebäude) verteilen können, um dort auf Matten, Teppichen, Kissen o.Ä. zu lesen. Die freien Lesezeiten können zudem so geöffnet werden, dass die Kinder nicht nur still lesen, sondern in »Flüsterrunden« einem Partner oder in Kleingruppen sich gegenseitig halblaut vorlesen. Vor allem für schwächere Leser wird eine Lektüre auf diese Art leichter zu bewältigen sein.

Gesprächsrunden müssen nicht im herkömmlichen Stuhlkreis abgehalten werden, sondern können methodisch variieren: ein Sitzkreis auf Teppichfliesen, ein »Lümmelkreis« in der Leseecke, ein Sitzkreis draußen ...

Die Unterrichtseinheit besteht, unterstützt durch die Infoblätter und Kopiervorlagen aus diesem Heft, aus drei unterschiedlichen Teilen:

1. Lesen der Erzählung

- Gespräch über Erfahrungen, neu in einer Klasse oder Gruppe zu sein
- Erste Kontaktaufnahme mit dem Buch: Titelbild, Umschlagtext
- Erstellung eines Zeilometers → **k.1**
- Lektüre der Erzählung:
  - teils zu Hause (z.B. mit Notizen ins Lesetagebuch oder Deutschheft)
  - teils im Unterricht (Vorlesen durch Lehrer/in, vorbereiteter Lesevortrag von Schüler/innen, stille Lesephasen)

2. Arbeit am und um den Text

- Schwerpunktmäßige Bearbeitung einiger Kapitel mithilfe der Kopiervorlagen **k.2** bis **k.9**
- Beschäftigung mit dem Autor Peter Härtling → **k.10**
- Weitere Anregungen aus der »Methodenkiste« in diesem Heft → **u.5**
- Hintergrundinformationen zum Thema »Aussiedler« → **i.6**
- Präsentation von Arbeitsergebnissen

Dieser Teil kann von den Schülerinnen und Schülern weitgehend im eigenen Arbeitstempo bearbeitet werden. Die Lehrkraft kann einen Arbeitsplan mit Pflicht- und Wahlaufgaben erstellen, die die Klasse in einem vorgegebenen Zeitraum bearbeiten muss.

3. Reflexion der Lektüre

- Präsentation von Arbeitsergebnissen aus den Lesetagebüchern
- Vergleich mit thematisch ähnlichen Büchern → **i.7**
- Bearbeiten des Feedback-Bogens zur Lektüre → **k.11**
- Abschließendes Gespräch über die Einschätzungen der Schüler/innen

Ergänzt werden kann die Arbeit an dem Kinderroman durch eine Einheit zum Thema »Gefühle« im Sachunterricht.

»Ben liebt Anna« im Unterricht © Beltz Verlag · Weinheim und Basel

(i) Infoblätter

© Stephan Morgenstern/Beltz & Gelberg

i.1 ZUM AUTOR

Am 13.11.1933 wurde Peter Härtling in Chemnitz als Sohn eines Rechtsanwalts geboren. Während des Zweiten Weltkriegs war die Familie auf der Flucht. Härtling verbrachte seine Kindheit unter anderem in Sachsen, Mähren, Österreich und Württemberg. Mit 13 Jahren verlor er bereits seine Eltern – sein Vater starb 1945 in einem russischen Gefangenenlager, seine Mutter beging 1946 Selbstmord. Peter Härtling lebte bei seiner Großmutter. Er besuchte das Gymnasium in Nürtingen, verließ dieses aber 1951 vorzeitig. Er kam mit den Lehrern nicht zurecht, die zum Teil weiterhin ihre Überzeugungen aus der Nazizeit pflegten.

Härtling begann zunächst eine journalistische Tätigkeit: Von 1955 bis 1962 arbeitete er als Redakteur bei der »Deutschen Zeitung«. Zu dieser Zeit versuchte er auch erstmals, als freier Schriftsteller zu leben. Dieser Versuch schlug allerdings fehl. 1967 wurde er zunächst Cheflektor im S. Fischer Verlag und ein Jahr später Geschäftsführer des Verlags.

Der Autor schrieb zunächst Gedichte und Romane für Erwachsene. In den 1970er-Jahren begann er, auch für Kinder zu schreiben, und gab damit der Kinderliteratur neue, entscheidende Anstöße. Seit 1973 arbeitet er als freier Schriftsteller. Heute lebt er in Walldorf (Hessen), ist verheiratet und hat vier Kinder.

Peter Härtling behandelt in seinem kinderliterarischen Werk meist soziale Probleme, die Kinder betreffen. Beispielsweise geht es in »Das war der Hirbel« (1973) um ein geistig behindertes Heimkind und die damit verbundene gesellschaftliche Ausgrenzung, »Oma« (1975) thematisiert das Altern und den Tod, »Theo haut ab« (1977) das Ausreißen von zu Hause und von den Eltern.

Seine Gedichte, Aufsätze und Kinderromane wurden in mehr als zwanzig Sprachen übersetzt, mit zahlreichen Literaturpreisen ausgezeichnet und teilweise sogar verfilmt (»Krücke«). Für sein kinderliterarisches Gesamtwerk erhielt Peter Härtling den Sonderpreis des Deutschen Jugendliteraturpreises 2001. »Härtling ist unzweifelhaft eine Schriftsteller-Persönlichkeit, von der die deutschsprachige Kinderliteratur der letzten 30 Jahre maßgeblich geprägt wurde«, so die Jury in ihrer Begründung.

Auszeichnungen (Auswahl)

1964	Literaturpreis des Verbandes der Kritiker (Kritikerpreis) für »Niembsch«
1976	Deutscher Jugendbuchpreis für »Oma«
1980	Zürcher Kinderbuchpreis »La vache qui lit« für »Ben liebt Anna« und »Sofie macht Geschichten«
1992	Lion-Feuchtwanger-Preis
1995	Großes Bundesverdienstkreuz
2001	Deutscher Jugendliteraturpreis (Sonderpreis) für sein kinderliterarisches Gesamtwerk

2003 Deutscher Bücherpreis für sein Gesamtwerk
2007 CORINE Ehrenpreis des bayerischen Ministerpräsidenten für das Lebenswerk
2010 Kulturpreis des Kreises Groß-Gerau

Kinderbücher von Peter Härtling (Auswahl)

- Und das ist die ganze Familie, 1970
- Das war der Hirbel, 1973
- Oma, 1975
- Theo haut ab, 1977
- Ben liebt Anna, 1979
- Sofie macht Geschichten, 1980
- Alter John, 1981
- Jakob hinter der blauen Tür, 1983
- Krücke, 1987
- Fränze, 1989
- Mit Clara sind wir sechs, 1991
- Lena auf dem Dach, 1993
- Jette, 1995
- Tante Tilli macht Theater, 1997
- Goethe für Kinder, 1998
- Reise gegen den Wind, 2000
- Paul das Hauskind, 2010

PRESSESTIMMEN

i.2

»Eine wunderschöne, alltägliche, doch für die beiden einmalige Liebesgeschichte. Aus Ben und Anna können auch Erwachsene wieder schlau werden.«
Deutsches Allgemeines Sonntagsblatt

»Peter Härtling versteht es einmal mehr, mit einer scheinbar simplen Geschichte seine Leser ins Reich der Literatur zu entführen – Er versucht hier jenen Bereich der schwer fassbaren Emotionen, der zwischenmenschlichen Schwingungen, des Vertrautseins und Vertrauens zu beschreiben, ohne den Kindern mit platten Allerweltsfloskeln zu kommen. Und dies gelingt ihm vor allem durch präzise Sprache, einfache, genaue Sätze, die Situationen so kennzeichnen, dass der Lehrer und nicht nur der mit den ›Helden‹ gleichaltrige – diese Liebesgeschichte als die natürlichste Sache der Welt nimmt.«
Die Zeit

»Lebendig und konkret, zugleich sehr feinfühlig und überzeugend, beschreibt Peter Härtling die allmähliche Entwicklung einer solchen mit vielen unverständlichen Schwankungen belasteten Beziehung zwischen Ben und dem Aussiedlermädchen Anna. Eine dem Alltag abgelauschte, feine Episode, die nach innen führt. Sie wird in Worten erzählt, die die Sprachlosigkeit einschließen.«
Darmstädter Echo

»Es ist die Geschichte einer schönen, aber auch schmerzlich verletzbaren Liebe, die Peter Härtling in dem [...] Kinderroman ›Ben liebt Anna‹ einfühlsam, Kinder und Erwachsene genau beobachtend, erzählt.«
Der Tagesspiegel

»In ›Ben liebt Anna‹ zeigt Peter Härtling, dass Liebe und Verliebtsein nicht nur Erwachsenen vorbehalten sind. Auch wenn viele von ihnen diese ›großen‹ Gefühle bei jungen Menschen kaum vermuten. Damit es den Lesern nicht geht wie dem orientierungslosen Ben, gibt Härtling in seinem Kinderroman ein wenig Hilfestellung zum Einordnen.«
Frankfurter Allgemeine Sonntagszeitung

»Ben liebt Anna« im Unterricht © Beltz Verlag · Weinheim und Basel

INTERVIEW MIT PETER HÄRTLING: »BEN UND ANNA SIND WIE WIR«

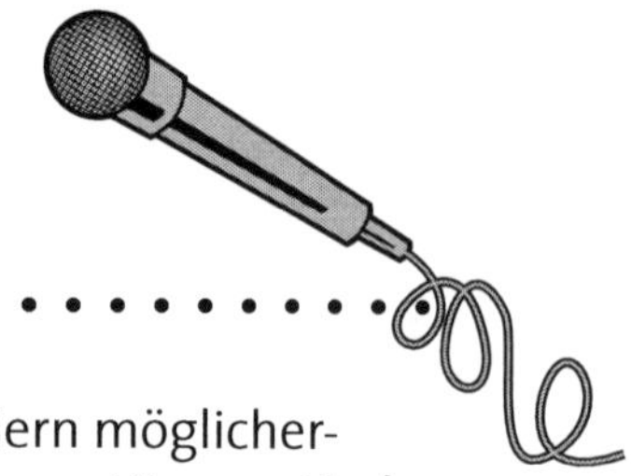

i.3

Peter Härtling über seinen Weg zum Roman, seine Lieblingsstelle und den offenen Schluss von »Ben liebt Anna«

Lieber Herr Härtling, wissen Sie noch, was für Sie der Auslöser zum Schreiben von »Ben liebt Anna« war?

Das war tatsächlich eine Liebesgeschichte, und zwar die erste Liebe meines jüngeren Sohnes Clemens, der nach Hause kam und, begleitet von seinem älteren Bruder, bei Tisch saß. Der ältere Bruder, das tun ja manchmal die Älteren, hänselte ihn und sagte: »Oh, der Clemens, der hat 'ne Freundin!«. Woraufhin wir, meine Frau und ich, uns neugierig über den Tisch beugten und fragten: »Wer ist denn das?« Das endete damit, dass Clemens aufsprang, mit 'nem knallroten Kopf rausging und die Tür hinter sich zuschlug. Ich sprang auf und wollte ihn noch stellen, aber ich blieb dann stehen. Mir wurde klar, dass es unendlich schwierig ist, zwischen Erwachsenen und Kindern über Liebe zu sprechen. Im Übrigen: Auch Erwachsene untereinander können schlecht über Liebe sprechen, sie machen dumme Witze oder sie werden zotig. Und mit Kindern ist es noch schwieriger. Dann sagte ich mir: Versuche, ein Buch zu schreiben, in dem das geht.

Wie verlief der Schreibprozess? Erinnern Sie sich noch daran?

Ja, ich erinnere mich noch gut. Der Schreibprozess begann eigentlich mit einer etwas hilflosen Suche nach der Mädchenfigur. Die Bubenfigur hatte ich ja, die kannte ich schon (lacht). Und ich schrieb schon ein bisschen suchend vor mich hin, als ich dann an einer Grundschule in Berlin-Kreuzberg las. Ich lernte da ein Aussiedlermädchen kennen. Sie war aber nicht aus Polen, wie im Buch, sondern möglicherweise aus Russland oder aus Litauen. Und sie saß da wie ein kleiner, steinerner Gast. Sie war so sprachlos.

Wie haben Sie reagiert?

Mir machte das so zu schaffen, dass ich die Lehrerin fragte: Was ist mit dem Mädchen? Ist sie krank? Und die Lehrerin antwortete: Nein, sie kommt nicht zurecht mit den anderen in der Klasse. Sie ist ganz frisch da, sie kann nicht sehr gut Deutsch und wird deshalb gehänselt. Und da hatte ich meine Anna. Ich verlegte sie nach Polen, nach Oberschlesien, weil mir das bekannt war, von Kind auf, also sagte ich mir: Die Anna kommt aus Kattowitz.

Haben Sie beim Schreiben auch mit dem Gedanken gespielt, die Geschichte aus Bens oder Annas Ich-Perspektive zu schreiben?

Nein, das habe ich nicht getan. Ich habe die Kinderperspektive durchgehend eingehalten. Entweder wenn Ben aktiv ist, z. B. bei der Ballszene im Schulhof, und wenn die Anna aktiv ist, z. B. wenn sie Ben ihr Häuschen vorführt, mit Anna.

Beide Figuren, Anna und Ben, brechen zum Teil deutlich mit traditionellen Geschlechterrollen, sind eher untypische Jungs bzw. Mädchen. Ist das Zufall?

Nein, es ist kein Zufall. Und zwar aus einem bestimmten Grund: Ich bin ein Waisenkind und habe eigentlich nie wissentlich Eltern gehabt. Nach dem Krieg bin ich bei meiner Großmama aufgewachsen. Als meine Frau und ich dann selbst Kinder bekamen, haben wir uns vorgenommen, unsere Kinder ganz selbstbewusst und selbstständig leben, aufleben zu lassen. So haben wir das

»Ben liebt Anna« im Unterricht © Beltz Verlag · Weinheim und Basel

immer getan. Bis heute, bis zu den Enkeln. Sie haben relativ viel Freiheit gehabt und gelegentlich unseren Einspruch. Das halte ich in der Erziehung für unendlich wichtig: Freiheit, die gelegentlich erfährt, dass sie Grenzen hat. Und so sind auch Ben und Anna.

Gibt es für Sie eine Lieblingsfigur oder Lieblingsstelle im Roman?

Die, in der Ben sich schön macht für die Anna (lacht) und dann in die Aussiedlerbaracke geht und dort mit Annas Familie Kutteln isst. Das ist mir eigentlich die liebste Stelle.

Würde die Geschichte auch funktionieren, wenn Anna kein Aussiedlermädchen wäre?

Sie würde natürlich funktionieren. Die Liebe funktioniert immer. Allerdings hätte sie weniger Reiz, denn weil die Anna nicht »passt«, ist der Ben viel mehr herausgefordert, nicht nur sie zu mögen, sondern sich über sie Gedanken zu machen.

Sie haben im Roman keine Redezeichen gesetzt. Warum?

Ja, da kriege ich hunderte von Briefen ... (lacht). Ich erkläre es immer so: Ich habe mal hier in Walldorf in der Schule vorgelesen, mein erstes Kinderbuch, den Hirbel. Dann haben die Kinder mir das Manuskript aus der Hand genommen und auch daraus vorgelesen. Da fiel mir auf, dass die den Erzähltext sehr mechanisch herunterlasen. Wenn dann wörtliche Rede kam, redeten sie wie schlechte Schauspieler Hamlet lesen. Das fand ich entsetzlich. Ich sagte mir: Ich tue es ohnehin bei meinen Büchern für Erwachsene auch. Für mich ist wörtliche Rede und erzählter Text gleichwertig. Man muss sie miteinander erfassen und sie sollten nicht gekennzeichnet sein durch Gänsefüßchen. Die Kinder begreifen das sofort. Wenn ich an die Kinder, die mir schreiben, Antwortbriefe schreibe, muss ich immer darauf hinweisen: Bitte, macht das nicht so in euren Aufsätzen!

Es gibt im Buch kein Handy, kein Internetchat, keine Playstation, trotzdem scheint die Geschichte unheimlich aktuell zu sein. Woran liegt das Ihrer Ansicht nach?

Es liegt ganz gewiss am Thema. Was mir aber immer wieder klar wird, ist Folgendes: Vor ein paar Tagen kam wieder ein Stoß von Briefen von Klassen, die »Ben liebt Anna« gelesen haben. Da haben die Kinder geschrieben: »Ben und Anna sind wie wir! Die reden wie wir.« Und ein Junge schrieb: »Ich habe gelesen, dass Sie 76 Jahre alt sind. Da kann ich nur staunen, dass Sie so schreiben, wie wir sind.« Das ist ja eigentlich eine Auszeichnung. So etwas freut mich auch sehr.

Hatten Sie beim Schreiben oder als der Roman erschien, gedacht oder gehofft, dass das Buch so beliebt als Klassenlektüre ist?

Überhaupt nicht. Das hat mich absolut überrascht. Und tut es bis heute.

Das Ende ist für viele jugendliche Leserinnen und Leser sicher recht überraschend, vielleicht auch traurig. Warum haben Sie Ihre Geschichte so enden lassen?

Ich wollte kein neues Trotzköpfchen schreiben, so nach dem Motto: Ben und Anna verloben sich, sie heiraten, werden Eltern und Großeltern und leben zufrieden bis an ihr Lebensende. Ich wollte ganz real zeigen, dass eine Kinderliebe meistens offen endet.

Endete so auch die damalige Liebesgeschichte Ihres Sohnes?

Ja, sicher. Inzwischen hat er zwei Kinder (lacht).

Sie haben sicher schon viele Reaktionen von Kindern auf Ihr Buch bekommen. Welche Rückmeldung hat Sie am meisten beeindruckt?

Ich habe schon unglaublich viele Rückmeldungen von Kindern bekommen. Es gibt eine Rückmeldung, die ich eingerahmt habe und die jetzt bei uns in der Wohnstube hängt. Da schreibt ein Junge aus München: »Herr Härtling! Ich heiße Sascha und bin 9 Jahre alt, am 22. Oktober werde ich 10. Eine Freundin fragt mich, ob ich sie heiraten soll. Ich wollte Sie fragen, ob Sie mir einen Tipp geben könnten. Ihr Sascha«.
Ist das nicht unglaublich? Darin zeigt sich für mich ein unendliches Zutrauen zu der Wirklichkeit eines Buches.

Welche Stellung in Ihrem großen Gesamtwerk würden Sie »Ben liebt Anna« zuteilen?

Es ist sicher das Buch mit der weitesten Resonanz, aber mir unter den Büchern für Kinder nicht unbedingt das wichtigste. Das ist der »Hirbel«, und das ist »Krücke«. Das sind die beiden Bücher, die mir sehr wichtig sind. »Ben liebt Anna« ist sicher aber das wirkungsreichste. Ich muss unaufhörlich mit dem Buch umgehen. Wirklich jeden Tag kommt Post dazu, heute z.B. ein Klassensatz von Briefen und zwei einzelne Briefe. Solche Sachen sind wirklich erstaunlich. Da schreibt z.B. ein Robin aus Haltern: »Sehr geehrter Herr Härtling, ich fand ›Ben liebt Anna‹ sehr gut. Und ich fand auch gut, dass Sie das Ende offen gelassen haben. Ich finde das Buch romantisch, schön und spannend und verführerisch (lacht). Ich habe ›Ben liebt Anna‹ gelesen und habe herausgefunden, dass Sie 1933 geboren sind. Es ist unglaublich, dass Sie so gute Kinderbücher schreiben! Viel Glück noch beim Bücherschreiben. Mir hat alles gefallen!!!! Dein Robin, 10 Jahre«. Das ist das Geschenk, das mir »Ben liebt Anna« bis heute macht.

Haben Sie auch mit dem Gedanken gespielt, eine Fortsetzung von »Ben liebt Anna« zu schreiben?

Nein, nie. Ich bin ein großer Gegner von Fortsetzungen.

Kürzlich ist ein weiteres Kinderbuch von Ihnen erschienen: »Paul, das Hauskind«. Können Sie uns Ihr neues Buch ein bisschen schmackhaft machen?

Ich hoffe, dass es den Lesern Lust macht. Es erzählt von einem Jungen, der in einer Patchwork-Familie, ich mag diesen schrecklichen Ausdruck eigentlich nicht, aufwächst und dessen Eltern kein Interesse an ihm haben. Sie haben Interesse an ihrem erfolgreichen Berufsleben und sind deshalb meistens nicht zu Hause. Die Mama ist Journalistin, die arbeitet in New York, und der Papa ist Werbemensch, der arbeitet fast immer und kommt auch nicht nach Hause. Paul lebt in einem Haus, in dem es eine ganz lustige Hausgemeinschaft gibt, die sich z.B. abends im Hof trifft zu kleinen Festen. So lernen sie sich kennen. Alle im Haus merken, dass der Paul immer wieder alleine ist, und der Vater fädelt ein, dass die unmittelbare Nachbarin, die Oma Käthe, im vierten Stock den Paul zum Schlafen aufnimmt, wenn er weg ist. Auch andere im Haus nehmen ihn immer mal wieder auf, bis er Freunde im ganzen Haus hat. Es taucht aber ein Problem auf: Wer soll bei einer Klassenarbeit unterschreiben, wenn die Eltern immer weg sind? Aber zum Glück gibt es unten im Haus im Parterre einen freundlichen, sehr alten Herrn, einen Anwalt, der sich Pauls annimmt, sozusagen beinahe als Amtsvormund. Dieser unterschreibt dann gelegentlich, während Paul auch gelegentlich Unterschriften fälscht. Es ist ein Leben, das dem Kind Spaß macht, am Ende begreift er aber, dass er sein Leben nicht alleine führen kann. Seine Eltern lassen sich dann scheiden, und sein Vater wird am Ende auch ein Hauskind.

Interview: Marc Böhmann, Juni 2010

TABELLARISCHE KAPITELÜBERSICHT

i.4

Kapitel	Seiten	Inhalt
1 Ben stellt eine Frage	7–11	Ben soll Hausaufgaben machen. Aber er kann sich nicht konzentrieren. Immerzu muss er an Anna denken. Als sein 13-jähriger Bruder Holger kommt, hilft er ihm. Ben fragt ihn nach dem Verliebtsein. Doch das Gespräch endet im Streit.
2 Anna	12–18	Anna war zu Beginn der 4. Klasse mit ihrer Familie als Aussiedlerkind aus Polen nach Deutschland gekommen. Sie steht am Rande der Klassengemeinschaft. Eines Tages wirft Ben ihr in der Pause einen Ball an den Kopf. Hinterher entschuldigt er sich und gesteht ihr, dass er sie mag. Später ärgert er sich darüber, es gesagt zu haben.
3 Warum Bernhard mit dem Hintern heult	19–26	Alles geht schief, und Ben kann sich selbst nicht leiden. Als Bernhard verkündet, dass er mit Anna gehen möchte, platzt er fast. Aus Rache klebt er dem Rivalen einen Mondaufkleber auf den Hintern. Doch auch das bringt ihm Ärger ein.
4 Holger petzt	27–30	Beim Abendessen erzählt Holger den Eltern, Ben habe eine Freundin. Ben ist sauer. Doch die Mutter sagt, er solle Anna doch einmal mitbringen.
5 Wo Anna wohnt	31–37	Die Schule ist vorzeitig zu Ende, weil Werken ausfällt. Ben wartet auf Anna, um sie auf dem Nachhauseweg zu begleiten. Dabei erfährt er einiges über ihre Familie und ihre alte Heimat. Bei ihrem Haus angekommen, bittet Anna Ben herein, um ihn vorzustellen. Eine Einladung zum Mittagessen muss er ablehnen, weil seine Mutter auf ihn wartet. Aufgewühlt rennt Ben nach Hause.
6 Ben schreibt an Anna	38–40	Die Jungs von Bens Klasse spielen gegen die Parallelklasse Fußball. Weil die Mädchen zuschauen, strengt sich Ben besonders an. Er will Anna imponieren. Als er einen Eckball verschießt, lachen ihn die Kinder aus. Dass auch Anna lacht, trifft Ben besonders. Am Nachmittag schreibt er ihr deshalb einen Brief.
7 Bernhard ersetzt Anna	41–48	Anna reagiert nicht auf Bens Brief, und die Pfingstferien stehen bevor. Ben lädt Bernhard ein, um nicht an Anna zu denken. Die beiden spielen im Garten. Schließlich füllen sie die geleerte Mülltonne der Nachbarn mit Wasser. Als Herr Leibel nach Hause kommt, will er die Tonne wegschieben und zerrt sich vom Gewicht der Tonne den Rücken. Wutentbrannt klingelt er bei Körbels und beschwert sich bei Bens Mama. Bernhard geht schnell nach Hause. Ben muss den Ärger allein ausbaden.
8 Anna antwortet	49–54	Am Tag vor den Ferien gibt Anna Ben einen Zettel. Sie will, dass er ihn gleich liest. Sie schlägt ihm vor, in den Ferien etwas gemeinsam zu unternehmen. Ben ist verwirrt. In der Pause lädt Anna ihn für den nächsten Tag zum Mittagessen ein. Zu Hause schreibt er auf einen Zettel, was ihm an Anna gefällt.
9 Ben macht sich schön	55–59	Am nächsten Morgen wacht Ben gut gelaunt auf und macht sich fein für Anna. Holger und die Mutter machen sich ein wenig lustig darüber.
10 Kuttelflecke und Annas Überraschung	60–65	Bei Anna zu Hause ist viel los. Ben fühlt sich wohl. Nach dem Mittagessen spielen die Kinder draußen. Anna zeigt ihm eine Überraschung: ein kleines Holzhäuschen. In der Hütte essen sie Schokolade. Dann legen sie sich hin und sind sich ganz nah. Sie lesen draußen noch Comics. Zum Abschied möchte Anna einen Kuss. Ben lädt sie ein, am nächsten Tag zu ihm zu kommen.
11 Zwei Besucher	66–74	Onkel Gerhard kommt zu Besuch. Danach trifft Anna ein. Ben führt sie herum. Anna gefällt der Familie. Nach dem Mittagessen fahren sie zum Stausee. Ben und Anna fahren bei Onkel Gerhard mit. Sie sitzen ganz nah nebeneinander auf der Rückbank.
12 Anna und Ben tauchen	75–81	Beim Familienspaziergang setzen Ben und Anna sich ab. Sie planschen im Wasser und baden nackt im See. Hinterher wärmt Anna ihn. Die Kinder kommen zum Rest der Familie zurück. Gemeinsam machen sie ein Picknick und braten Würstchen.
13 Die zweite Zeile	82–87	In den restlichen Ferien sehen sich die Kinder nicht mehr. Ben hat Sehnsucht nach Anna. Als die Schule wieder beginnt, sieht er Anna, doch sie flüstert mit Jens. Bens Laune verschlechtert sich noch mehr, als er ins Klassenzimmer kommt und »Ben liebt Anna« an der Tafel steht. Lehrer Seibmann kommt dazu und ergänzt »Anna liebt Ben«. Ben darf nach Hause gehen, weil es ihm nicht gut geht.
14 Ben wird krank und Anna geht	88–92	Ben bekommt hohes Fieber. Von seinem Vater erfährt er, dass Annas Vater Arbeit im Ruhrgebiet gefunden hat und dass die Familie wegziehen wird. Als er wieder gesund ist, holt Anna ihn zu Hause ab. In der Schule wird ein Abschiedsfest für Anna gegeben. Anna begleitet ihn noch nach Hause und rennt dann davon.

i.5 FIGURENKONSTELLATION

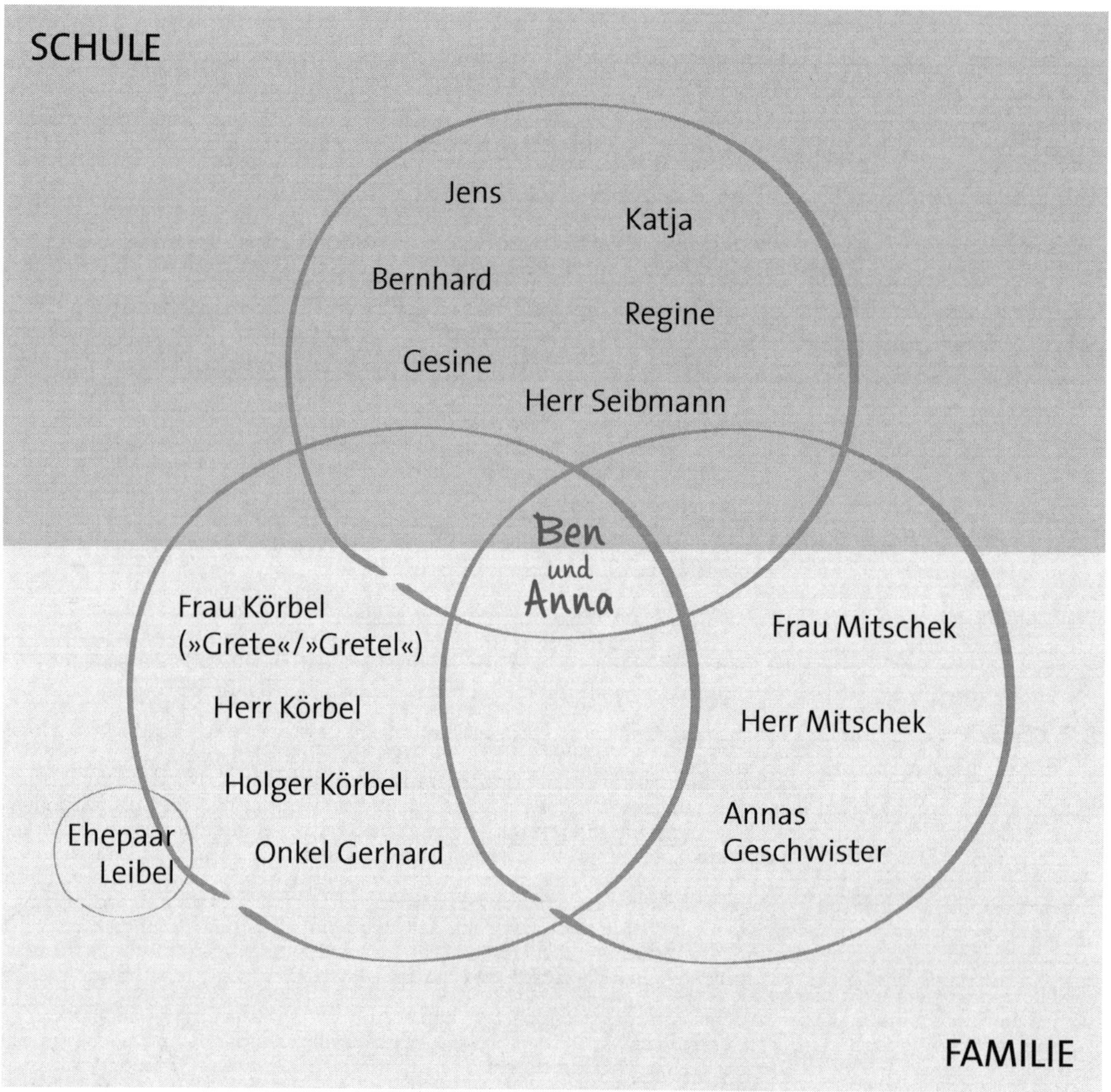

»Ben liebt Anna« im Unterricht © Beltz Verlag · Weinheim und Basel

INFOTEXT SPÄTAUSSIEDLER

i.b

Wen nennt man Aussiedler?

Aussiedler sind Deutsche, deren Vorfahren zu unterschiedlichen Zeiten vorwiegend nach Ost- und Südosteuropa ausgewandert sind, oder Deutsche, deren Heimatort bis zum Ende des Zweiten Weltkriegs zu Deutschland gehörte, aber auf der Konferenz der Kriegssieger in Potsdam (17.7. bis 2.8.1945) Polen oder der Sowjetunion zugeordnet wurde.

Den Aussiedlern fällt es nicht immer leicht, sich in Deutschland einzugewöhnen, weil vieles für sie fremd und ungewohnt ist. Besonders die Jugendlichen, die kein Deutsch sprechen, haben es am Anfang oft sehr schwer. Deshalb werden z.B. Sprachkurse angeboten, die den Familien dabei helfen sollen, in Deutschland Fuß zu fassen. Auch haben es ihre Eltern oft nicht leicht, eine Arbeitsstelle zu finden.

Von 1988 bis heute wanderten rund drei Millionen Spätaussiedler und deren Angehörige in die Bundesrepublik Deutschland ein. Seit einigen Jahren ist ein ständiger Rückgang beim Zuzug zu verzeichnen. Reisten im Jahr 1990 noch deutlich über 300.000 Personen ein, so sind es seit dem Jahr 2000 unter 100.000. Im Jahr 2007 waren es nur noch 5.792 Personen.

Wieso lebten Deutsche in Russland?

Im 18. Jahrhundert waren Deutsche auf Einladung der russischen Zarin (Kaiserin) Katharina II., die selbst aus Deutschland stammte, nach Russland ausgewandert. Sie wollte deutsche Bauern in ihrem Reich ansiedeln, um das fruchtbare und unbewirtschaftete Land besser nutzbar machen zu können und die Landwirtschaft zu verbessern.

Nach den beiden Weltkriegen waren sie als Deutsche in ihrer neuen Heimat nicht mehr willkommen. In der Sowjetunion wurden sie systematisch verschleppt, deportiert oder verbannt. Es war politischer Wille, das Deutschtum auszulöschen. Der Gebrauch der deutschen Sprache stand lange Zeit unter Strafe. Deshalb sprechen viele Spätaussiedler und deren Kinder kein Deutsch mehr.

Deutsche in Polen

Bis zum Beginn des 20. Jahrhunderts gehörten zum sogenannten Deutschen Reich mehr Gebiete als zur heutigen Bundesrepublik. Dazu zählten auch einige Teile Polens. Hinzu kamen große Umsiedlungsaktionen nach der Eroberung Polens durch Deutschland im Zweiten Weltkrieg. Es wurden größtenteils deutschstämmige Umsiedler aus dem nordost- und südosteuropäischen Raum in den vom Deutschen Reich annektierten Teilen Polens angesiedelt. Das erforderte wiederum, dass die ortsansässige Bevölkerung in den Ansiedlungsgebieten vertrieben, umgesiedelt oder in Konzentrationslager verschleppt wurde. Davon waren allein im Warthegau zwischen 1939 und 1944 rund 630.000 polnische und jüdische Bewohner betroffen.

Nach dem Ende des Zweiten Weltkrieges 1945 wurden die Grenzen Polens neu gezogen. Viele Deutsche verließen ihre Heimat. Schon zu Kriegsende waren etwa 5 Millionen Menschen aus den sogenannten Ostgebieten nach Deutschland geflohen. Nach dem Krieg wurden weitere 5 Millionen »vertrieben«. Nur eine kleine deutsche Minderheit blieb zurück.

Kattowitz (Katowice), die Stadt, aus der Annas Familie stammt, liegt in Oberschlesien. Eine kleine deutsche Minderheit blieb dort nach dem Zweiten Weltkrieg zurück.

i.7

ZUM WEITERLESEN

Thematisch verwandte Kinder- und Jugendromane

- Gündisch, Karin: **Im Land der Schokolade und Bananen.** Weinheim und Basel: Beltz & Gelberg, 2000.
  Uwe und Ingrid verlassen mit ihren Eltern ihre Heimat Rumänien und die geliebten Großeltern. Doch am Anfang ist vieles neu und ungewohnt ...

- Klages, Simone: **Mein Freund Emil.** Weinheim und Basel: Beltz & Gelberg, 2009.
  Emil mit dem komischen Nachnamen Balayette ist neu in der Klasse. Katjenka findet ihn ziemlich blöd. Dann soll sie ausgerechnet mit ihm ein Hausaufgabenprojekt bearbeiten! Dabei lernen sich die beiden besser kennen – und schätzen.

- Kuijer, Guus: **Wir alle für immer zusammen.** München: cbj, 2005.
  Die elfjährige Pollecke hat es schwer. Erst trennt ihr Freund Mimun sich von ihr, und dann erfährt sie auch noch, dass ihr Lehrer in ihre Mutter verliebt ist ...

- Zeevaert, Siegrid: **Josh ist mein Freund.** Weinheim und Basel: Beltz & Gelberg, 2010.
  Jan mit dem Herzfehler und der dicke Josh sind beste Freunde aus Kindergartentagen. Beide stehen eher am Rand der Klassengemeinschaft. Nur Lara-Sofie findet Jan eigentlich ganz nett. Sie darf auch als Erste seine Katzenbabys sehen. Als Josh dazu kommt, ist Jan im Loyalitätskonflikt ...

Für Lehrer/innen

- Rank, Bernhard: **Ihr könnt doch noch gar nicht wissen, was Liebe ist: Ben liebt Anna von Peter Härtling.** In: Rank, Bernhard (Hrsg.): Erfolgreiche Kinder- und Jugendbücher. Baltmannsweiler: Schneider Hohengehren, 1999, S. 189–209.

- Informationen zur politischen Bildung, Heft 267: **Aussiedler** (Zum Download auf der Homepage der Bundeszentrale für politische Bildung – www.bpb.de)

Verfilmung

- VHS **»Ben liebt Anna«** – ein Film von Kindern für Kinder, 17 min. (1993), Buch und Regie: Rike Palmer, Frank Müller Produktion: Interdisziplinäres Tumorzentrum Tübingen; Begleitheft, DIN A5, 28 Seiten.

  Der Film kann gegen eine Gebühr von 8 Euro bei der Bundeszentrale für gesundheitliche Aufklärung (www.bzga-avmedien.de) bestellt werden. In einigen Medienzentren steht er auch zur Ausleihe zur Verfügung.
  Dieser kurze, eher semi-professionelle Film kann Schüler/innen anregen, selbst eine Szene zu spielen oder zu verfilmen.

Lesezeichen und Zeilometer

Dieses Lesezeichen hilft dir dabei, einzelne Textstellen zu finden oder dich mit deinen Mitschüler/innen über bestimmte Textstellen zu unterhalten. Die Zahlen am Rand sind die jeweiligen Zeilen.

Ein Beispiel: Ihr lest gemeinsam die ersten Seiten, und du willst den anderen in der Klasse sagen, wo auf Seite 8 der Satz »Holger ist Bens dreizehnjähriger Bruder« steht. Mit dem Zeilometer ist das ganz einfach: Halte es am oberen Buchrand an, und du teilst den anderen mit, dass der Satz in Zeile 11 steht.

»Ben liebt Anna« im Unterricht © Beltz Verlag · Weinheim und Basel

»Wie is'n das, wenn man verknallt ist?«

Im ersten Kapitel lernen wir Ben und seine Familie kennen. Ben soll eigentlich Hausaufgaben machen, kann sich aber nicht konzentrieren, weil er immer an Anna denken muss.

1. Bevor der Roman beginnt, erklärt der Autor Peter Härtling, warum er die Geschichte von Ben und Anna geschrieben hat (S. 5).

a) Er erzählt die Geschichte, weil ____

____

b) Hat Peter Härtling recht? Begründe deine Meinung. Sprecht in der Klasse darüber.

2. Ordne die Satzteile zum 1. Kapitel, indem du sie nummerierst. Schreibe die Sätze in der richtigen Reihenfolge in dein Heft oder Lesetagebuch und ergänze die Lücken.

Obwohl ________ seine Hausaufgaben machen soll, macht er viele andere Dinge und muss nachdenken. ☐	Die Mutter fordert Ben auf, seine Hausaufgaben zu machen. ☐
Holger macht sich zuerst über Ben lustig, dann aber beantwortet er Bens Frage und fragt, in wen Ben ________ sei. ☐	Nach den Mathe-Aufgaben fragt er seinen Bruder ________, wie es ist, wenn man verknallt ist. ☐
Sie geht in die Arztpraxis zum Arbeiten. ☐	Er merkt, dass er immer an Anna denken muss. ☐
Ben sammelt seine Schulsachen zusammen, geht in sein Zimmer und streichelt ________, seine Meersau. ☐	Ben erwidert, dass auch Onkel ________ in der Nase bohrt. ☐
Beim Mittagessen wird Ben von seiner Mutter ermahnt, nicht in der ________ zu bohren. ☐	Als Ben versehentlich den ________ an Holgers Knie stößt, kommt es zum Streit. ☐

3. Peter Härtling hat im gesamten Roman auf die Redezeichen verzichtet. Warum er das macht, erfährst du im Interview **i.3**.

a) Suche dir eine Seite vom 1. Kapitel heraus und schreibe den Text mit Redezeichen in dein Heft oder Lesetagebuch.

b) Unterstreiche dann das, was gesagt wird, mit verschiedenen Farben: die Aussagen von Ben rot, von Bens Mutter grün und von Holger gelb.

4. Als Ben versehentlich den Stuhl an Holgers Knie stößt, kommt es zum Streit zwischen den Brüdern (S. 11). Stell dir vor, dies wäre nicht passiert: Wie hätte das Gespräch ab Zeile 14 weitergehen können? Schreibe es in deinem Heft oder Lesetagebuch auf.

»Ben liebt Anna« im Unterricht © Beltz Verlag · Weinheim und Basel

»Ich mag dich aber«

Alle in der Klasse finden Anna komisch, auch Ben. Ein Tennisball führt dazu, dass Ben und Anna sich doch anfreunden ...

1. Finde die passenden Textstellen aus Kapitel 2 (S. 12 bis 18). Schreibe die Textstelle (Seite/Zeile) auf.

a) Ben findet Anna am Anfang sehr komisch. Seite 12, Zeile 11–15

b) Katja findet Anna auch nicht sympathisch. ____________

c) Herr Seibmann versucht der Klasse zu erklären, wie sich Anna fühlt. ____________

d) Ben wirft Anna einen Tennisball voll ins Gesicht. ____________

e) Ben tut es leid. Er entschuldigt sich bei Anna. ____________

f) Ben sagt Anna, dass er sie mag. ____________

2. Im 3. Kapitel (S. 19 bis 26) erlebt Ben sehr intensiv verschiedene Gefühle.

a) Schreibe in dein Buch mit Bleistift an den Rand, wie Ben sich jeweils fühlt.

b) Sprecht in der Gruppe oder der Klasse über eure Einschätzungen. Wo gibt es Gemeinsamkeiten? Wo Unterschiede?

Hilfe

Ben fühlt sich ...

angespannt • ärgerlich • aufgeregt • ausgeglichen • ausgenützt • bedrückt • begeistert • dankbar • eifersüchtig • einsam • enttäuscht • fröhlich • geborgen • genervt • gereizt • gespannt • glücklich • hilflos • hoffnungsvoll • nervös • neugierig • mutig • stolz • traurig • überrascht • unverstanden • verlegen • verliebt • verzweifelt • wütend • zufrieden

3. Finde folgende Textstellen und erkläre sie einer Partnerin oder einem Partner mit eigenen Worten. Notiere, wo du sie gefunden hast.

Textstelle	Seite, Zeile
In ihm krabbelte es wie ein Ameisenhaufen.	
Er fühlte lauter kleine böse Stiche.	
Ben spürte, wie die Ameisen in ihm aufhörten zu kribbeln.	
Du bist schon eine Type, Ben.	

4. Erstellt in Partner- oder Gruppenarbeit mit Packpapier einen Figurenumriss für Ben und Anna. Schreibt stichwortartig äußere und innere Merkmale von beiden hinein. Sprecht dann in der Klasse über eure Einschätzungen.

»Ben liebt Anna« im Unterricht © Beltz Verlag · Weinheim und Basel

»Willst du mit mir gehen?«

Nach der Schule wartet Ben bei der Bäckerei auf Anna …

1. Lies aufmerksam das 5. Kapitel (S. 31 bis 37). Welche Sätze sind richtig (r), welche falsch (f)? Zu welchen Sätzen findet sich keine Aussage (kA) im Text? Kreuze an und korrigiere die falschen Sätze wie im Beispiel. Schreibe jeweils die Seiten- und Zeilenzahl dazu.

Sätze	r	f	Korrektur	kA	Seite/ Zeile(n)
~~Sport~~ fällt aus, deshalb haben Ben und Anna früher Schule aus.	○	⊗	Werken	○	S. 31/Z. 4
Als Anna bei der Bäckerei vorbeigeht, spricht sie Ben an.	○	○		○	
Anna bittet Ben vor ihrer Haustür, mit reinzukommen.	○	○		○	
Annas Mutter lädt Ben zum Essen ein.	○	○		○	
Bens Mutter fragt ihn nach seiner Rückankunft über Annas Zuhause aus.	○	○		○	
Anna lacht, als Ben den Eckball ins Aus schießt.	○	○		○	
Ben fragt Anna in seinem Brief, ob sie mit ihm gehen möchte.	○	○		○	
Anna vermutet nach dem Fußballspiel, dass Ben ihr einen Brief schreiben wird.	○	○		○	
Als Bernhard mit ihm über Anna spricht, sagt Ben nicht, was er über sie denkt.	○	○		○	
Herr Leibel nimmt den Streich locker.	○	○		○	

2. Ben lernt im 5. Kapitel Annas Zuhause näher kennen.

a) Was erfährt er über sie und ihr Zuhause? Schreibe mindestens sieben Sätze in dein Heft oder Lesetagebuch.

> ! Hilfe
>
> **Darüber kannst du schreiben:**
> Lage der Wohnung/des Hauses • Größe der Wohnung • Zimmeranzahl/Art der Zimmer • Anzahl und Alter der Familienmitglieder • Berufe der Eltern • Gastfreundschaft der Familie • Umgangston in der Familie
>
> **So kannst du beginnen:**
> Annas Familie wohnt in einer Barackenwohnung am Kleiberweg …

»Ben liebt Anna« im Unterricht © Beltz Verlag · Weinheim und Basel

b) Welche Gemeinsamkeiten bzw. Unterschiede gibt es zu Bens Familie und Zuhause? Schreibe mindestens fünf Sätze in dein Heft oder Lesetagebuch. Berücksichtige dabei auch das, was du bisher schon über Ben und sein Zuhause erfahren hast.

c) Welche Gemeinsamkeiten bzw. Unterschiede gibt es zu deiner Familie und deinem Zuhause? Sprecht in der Gruppe oder Klasse darüber.

3. Am Ende des 5. Kapitels erzählt Ben seiner Mutter, dass er Anna heimgebracht hat. Er ist enttäuscht, dass seine Mutter nicht nachfragt.

a) Kannst du Bens Enttäuschung verstehen? Begründe deine Meinung.

b) Angenommen, die Mutter hätte nachgefragt:

Wie hätte das Gespräch verlaufen können? Schreibe ein mögliches Gespräch zwischen Ben und seiner Mutter in deinem Heft oder Lesetagebuch auf.

Wie könnte Bens Mutter auf seine Eindrücke reagieren?

Wie könnte das Gespräch enden?

! Hilfe

Möglicher Gesprächsbeginn

Mutter: Warum kommst du so spät?
Ben: Ich hab Anna nach Hause gebracht.
Mutter: Na, das ist ja nett. Wo wohnt sie denn?
Ben: Hinten am Kleiberweg.
Mutter: Doch nicht etwa in den Baracken? …

4. Ben schreibt an Anna im 6. Kapitel (S. 38 bis 40) einen wichtigen Brief.

a) Notiere die Textstelle: Seite ______, Zeile(n) ______

b) Beantworte folgende Fragen in deinem Heft oder Lesetagebuch:

1. Welche Sätze hättest du genauso geschrieben? Welche nicht?
2. Was denkst du, wird Anna auf Bens Brief antworten? Wenn ja, was könnte sie ihm zurückschreiben?

5. Annas Familie ist deutschstämmig, hat bisher in Polen gelebt und ist vor kurzem nach Deutschland gezogen. Diese Menschen werden in Deutschland »Aussiedler« bzw. »Spätaussiedler« genannt.

a) Lies den Infotext **i.6**. Unten hast du Platz für Notizen.

b) Sprecht in der Klasse über den Text.

»Ben liebt Anna« im Unterricht © Beltz Verlag · Weinheim und Basel

»So viel wie in anderthalb Badewannen«

Da Anna nichts von sich hören lässt, lädt Ben Bernhard zu sich nach Hause ein …

1. Im 7. Kapitel spielen Ben und Bernhard Herrn Leibel einen Streich. Sprecht in der Klasse über folgende Fragen:

a) Warum reagieren Herr Leibel und Bens Mutter so verärgert? Kannst du sie verstehen?

b) Hast du schon einmal jemandem einen Streich gespielt, der nicht so nett war? Erzähle davon.

2. Erstellt zu diesem Kapitel in Gruppenarbeit entweder einen Comic oder einen Fotoroman. Geht in folgenden Schritten vor:

a) Überlegt, wie viele Bilder ihr braucht. Am besten legt ihr ein »Storyboard« an, also eine Tabelle, in der ihr euch zu den einzelnen Bildern Notizen macht. Hier können schon Ideen für Sprech- oder Gedankenblasen oder auch für die Erläuterungstexte unter dem Bild stehen. Hilfreich ist auch, zu notieren, zu welchem Textabschnitt die jeweiligen Bilder passen.

Bild Nr.	Textabschnitt	Was ist zu sehen?	Untertext	Was wird gesprochen?	Was wird gedacht?	Sonstiges
1						

Tipp

Noch ein paar Tipps:

- Euer Comic/Fotoroman wird abwechslungsreicher, wenn ihr die »Einstellung« ändert. Es gibt folgende Einstellungsgrößen:

Totale

halbnah

nah

Detail

- Es wirkt auch gut, wenn ihr die Einstellungsperspektive abwechselt: Es gibt drei Perspektiven: Froschperspektive, Normalsicht, Vogelperspektive.
- Überlegt euch genau, wie ihr den Höhepunkt der Szene mit Bildmitteln gestaltet, z. B. mit Bausteinen der Comicsprache: »knirsch«, »schlurf«, »schnauf«.
- Oft macht es einen großen Unterschied, ob das Bild im Quer- oder Hochformat oder in einem anderen Format steht.
- Überlegt euch einen passenden Titel für euren Comic bzw. Fotoroman.

»Ben liebt Anna« im Unterricht © Beltz Verlag · Weinheim und Basel

b) Die einzelnen Bilder des Comics zeichnet ihr am besten auf ein DIN-A5-Blatt. Die einzelnen Fotos entwickelt ihr am besten im Format 11 x 18 cm oder größer. Wenn es am Schluss nötig ist, könnt ihr die einzelnen Bildseiten dann noch verkleinern.
Ihr könnt auch die Fotos mit dem Handy oder einer Digitalkamera aufnehmen und mithilfe eines Textverarbeitungsprogramms am Computer mit Sprechblasen, Gedankenblasen und Blocktexten bearbeiten.
Die fertigen Bilder klebt ihr in der richtigen Reihenfolge auf ein Plakat oder fotokopiert sie und macht daraus ein kleines Heft.

c) Sprecht in der Klasse über eure Comics bzw. Fotoromane. Was ist besonders gut gelungen?

3. Während Herr Leibel sich bei Bens Mutter beschwert, sitzt Ben draußen unterm Busch und denkt sich aus, wie das Gespräch der beiden verläuft. Könnt ihr es euch vorstellen? Spielt mit einem Partner das Gespräch zwischen der Mutter und dem Nachbarn.

4. Stellt euch vor, die Mutter würde von Ben verlangen, dass er Herrn Leibel einen Entschuldigungsbrief schreibt. Wie könnte der aussehen? Schreibe ihn auf.

! Hilfe
mich entschuldigen • nicht bedacht • gute Besserung …

Lieber Herr Leibel,

»Ben liebt Anna« im Unterricht © Beltz Verlag · Weinheim und Basel

Endlich antwortet Anna auf Bens Brief …

»Er mochte alles, was sie mochte«

1. Ordne die Satzteile. Ein Satzteil links und ein Satzteil rechts passen jeweils zusammen. Bringe die Sätze in die richtige Reihenfolge, sodass sich eine Inhaltsangabe von Kapitel 8 bis 10 ergibt. Schreibe sie dann in dein Heft oder Lesetagebuch. Vielleicht kannst du noch eigene Satzteile oder Sätze hinzufügen.

Zu Hause schreibt Ben auf einen Zettel, was ihm an Anna gefällt,	●	●	dass Ben gebadet und sogar Vaters Rasierwasser benutzt hat.
Holger und Bens Mutter machen sich ein wenig lustig darüber,	●	●	in den Ferien etwas gemeinsam zu unternehmen.
Am Tag vor den Ferien gibt Anna Ben zu Beginn der Stunde einen Antwortbrief,	●	●	zeigt ihm Anna eine Überraschung: ein kleines, altes Holzhäuschen.
Im Häuschen ist es gemütlich: Sie essen Schokolade,	●	●	lädt ihn für den nächsten Tag zum Mittagessen ein und umarmt ihn.
Am nächsten Morgen schläft Ben lange aus und	●	●	bittet Anna ihn noch um einen Kuss.
Nach dem Mittagessen spielen die beiden draußen, dabei	●	●	zerknüllt den Zettel aber wieder und wirft ihn weg.
Im Brief schlägt sie ihm vor,	●	●	legen sich nebeneinander auf die Matratze und sind sich ganz nah.
Ben lädt sie ein	●	●	sie will, dass er ihn gleich liest.
Bei Anna zu Hause ist viel los,	●	●	am nächsten Tag zu ihm zu kommen.
In der Pause spricht Anna ihn an,	●	●	Ben fühlt sich wohl und isst reichlich.
Nachdem sie draußen in der Sonne Comics gelesen haben und Ben sagt, er müsse gehen,	●	●	macht sich fein für den Besuch bei Anna.

»Ben liebt Anna« im Unterricht © Beltz Verlag · Weinheim und Basel

2. Auf Seite 61 wird erzählt, wie Anna und Ben über die alten Eisenbahnschwellen hüpfen. Dabei heißt es:

»Anna hüpfte vor ihm auf den Schwellen. Komm, winkte sie. Alles erschien ihm auf einmal ungeheuer weit. Er rannte Anna nach, versuchte, Schwellen zu überspringen. Das gelang ihm nicht.«

! Hilfe: Was könnte mit »ungeheuer weit« gemeint sein? Was könnten die Schwellen bedeuten? Warum schafft es Ben (noch) nicht, die Schwellen zu überspringen? Warum ist Anna (noch) vor ihm?

Vielleicht hat der Autor Peter Härtling dies nicht zufällig geschrieben, sondern wollte mit dieser Szene Bens Gefühle besonders deutlich beschreiben. Was denkt ihr, was könnte diese Textstelle übertragen bedeuten? Sprecht darüber in der Klasse.

3. Stell dir vor, Anna oder Ben hätten am Abend nach Bens Besuch bei Anna einen Tagebucheintrag verfasst. Wähle eine Figur aus und schreibe diesen Tagebucheintrag. Bestimmt helfen dir die Sätze aus Aufgabe 1. Denke auch daran, was die Figur fühlt.

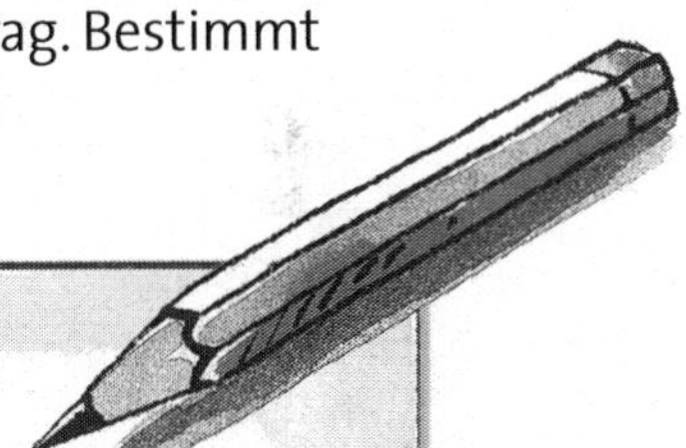

»Ben liebt Anna« im Unterricht © Beltz Verlag · Weinheim und Basel

»Es soll gar nicht mehr aufhören«

Der etwas verrückte Onkel Gerhard kommt zu Besuch. Und das just an dem Tag, an dem auch Anna zu Ben kommt …

1. Wer sagt oder denkt das im 11. Kapitel (S. 66 bis 74)? Schreibe die Figur und die Textstelle dazu.

Textstelle	Figur	Seite/Zeile
Holger war eben mal wieder früher auf.		
Nichts als eine normale Hexerei.		
Ich geb's auf.		
Anna besuchte ja ihn und nicht seine Mutter.		
In Katowice ist es viel kleiner, aber noch schöner als bei euch.		
Baut ihr die aus Spaß?		
Ich finde ihn prima!		
Ihr kommt mir vor wie zwei Vögelchen auf der Stange.		

2. In Kapitel 12 (S. 75 bis 81) macht Bens Familie mit Anna und Onkel Gerhard einen Ausflug. Anna und Ben setzen sich dabei ab. Finde die Fragen zu folgenden Antworten.

a) ______________________________ ?
Sie glauben ihm kein Wort, aber hören ihm gerne zu.

b) ______________________________ ?
Weil ich Angst davor habe.

c) ______________________________ ?
Weil er denkt, dass es keine Frau mit ihm aushält.

3. Der Ausflug war für Ben und Anna sehr aufregend und aufwühlend. Stell dir vor, beide würden sich nach ihrer Ankunft zu Hause an diesem Abend noch einige SMS schreiben. Wie könnte solch ein Dialog ablaufen? Was könnten die beiden noch loswerden wollen?

! Hilfe

Vielleicht versuchst du, den Dialog mit den typischen Kürzeln (der Fachbegriff dazu heißt »Akronym«, z.B. »bidunowa«, »4u« oder »hdgdl«) zu würzen.

»Ben liebt Anna« im Unterricht © Beltz Verlag · Weinheim und Basel

»Ich möchte sterben«

Nach den Ferien ist zuerst nichts mehr so, wie es war …

1. Ben und Anna sehen sich in den Ferien nicht. Ben träumt aber von Anna.

a) Wo wird der Traum im Buch geschildert? Schreibe die Seite und die Zeilen auf:

Seite ____________, Zeile ____________________

b) Erzähle mit eigenen Worten in deinem Heft oder Lesetagebuch, was Ben geträumt hat.

c) Sicher musste Anna in den Ferien auch viel an Ben denken. Überlege dir einen Traum, den Anna geträumt haben könnte. Wie endet er? Schreibe auf.

2. Als Ben und Anna sich wiedersehen, kommt es zum Streit. Stellt diese wichtige Romanszene (S. 82, Z. 16 bis S. 87) im Rollenspiel dar.

! Hilfe

- Ihr braucht als Spieler Anna, Ben, Jens, Herrn Seibmann und weitere Schüler/innen.
- Unterstreicht dazu das, was die einzelnen Figuren sagen, mit verschiedenen Farben.
- Der erste Teil der Szene spielt draußen im Pausenhof, der zweite im Klassenzimmer.
- Versucht, mit Körpersprache (Gestik und Mimik) darzustellen, wie sich die Figuren jeweils fühlen.
  Ein Beispiel: *Als Ben an Anna und Jens auf dem Schulhof vorbeigeht, ist Ben sicher wütend, Anna und Jens sind vielleicht überrascht oder fröhlich.*

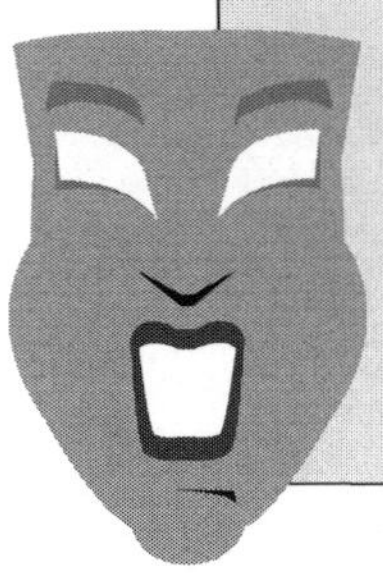

3. Der Klassenlehrer, Herr Seibmann, verhält sich in dieser schwierigen Situation ungewöhnlich. Beschreibe mit eigenen Worten in deinem Heft oder Lesetagebuch, wie Herr Seibmann reagiert. Beurteile auch sein Verhalten.

4. Das Ende des Romans ist ziemlich offen. Man weiß nicht genau, wie die Geschichte zwischen Anna und Ben weitergeht bzw. ausgeht. Überlege dir eine Fortsetzung des Romans, notiere einige Stichworte dazu und trage deine Version der Klasse vor.

5. Bens Vater schlägt vor, dass die beiden Kinder sich Briefe schreiben könnten. Verfasse einen Brief von Ben oder von Anna nach zwei Wochen bzw. nach einem halben Jahr in deinem Heft oder Lesetagebuch.

»Ben liebt Anna« im Unterricht © Beltz Verlag · Weinheim und Basel

»Ich bin traurig. Wegen dir«

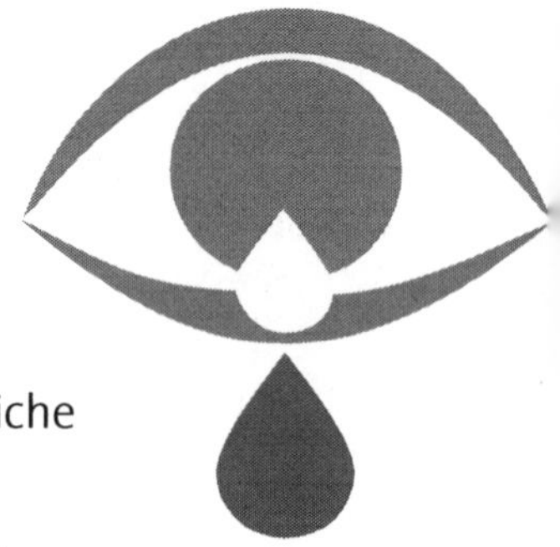

1. Die 14 Kapitel in »Ben liebt Anna« haben teilweise lustige oder außergewöhnliche Überschriften.

a) Welche fünf Überschriften findest du am besten? Erstelle eine Top-5-Liste in deinem Heft oder Lesetagebuch und begründe jeweils, warum du sie so gut findest.

> Hilfe
> **Diese Begriffe helfen dir bei der Begründung**
> lustig • spannend • witzig • überraschend • geheimnisvoll • klar • eindeutig • andeutungsreich

b) Suche dir fünf andere Überschriften heraus und versuche, zu den jeweiligen Kapiteln eine andere, vielleicht auch eine bessere Überschrift zu finden.

2. Die Beziehung zwischen Ben und Anna verändert sich im Laufe des Romans. Stelle ihre Beziehung in Form einer Kurve in deinem Heft oder Lesetagebuch grafisch dar. Notiere an wichtigen Stellen der Kurve Stichwörter zu besonderen Ereignissen oder kurze Textzitate.

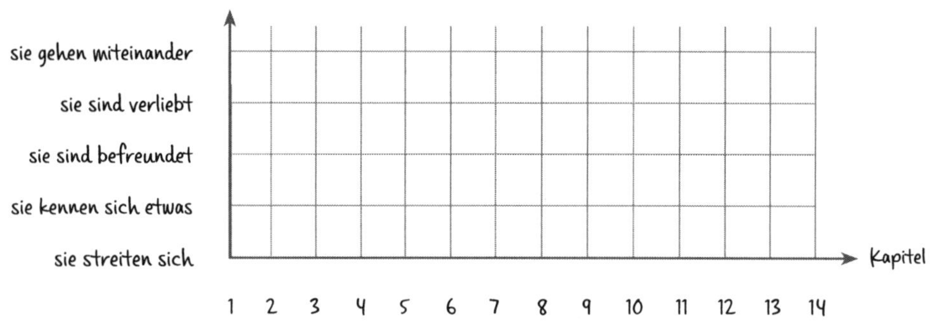

3. An manchen Stellen merkst du als Leser/in vielleicht, dass das Buch schon vor einigen Jahren geschrieben wurde. Beantworte die folgenden Fragen in deinem Heft oder Lesetagebuch.

a) Findest du Begriffe oder Sätze im Buch, die ein bisschen veraltet klingen?

> Hilfe
> **Mögliche Begriffe**
> Namen: Holger, Gretel, Horst, Gerhard, Gesine, Trudi • Rekorder • Terrine • Deutsche Bundesbahn

b) Findest du, die Geschichte zwischen Anna und Ben könnte heute noch so passieren? Begründe deine Meinung.

c) Lies in **i.3**, was der Autor, Peter Härtling, dazu meint. Kannst du ihm zustimmen?

»Ben liebt Anna« im Unterricht © Beltz Verlag · Weinheim und Basel

Peter Härtling

Peter Härtling ist einer der bekanntesten deutschen Kinderbuchautoren. Hier kannst du etwas mehr über ihn erfahren.

© Stephan Morgenstern/Beltz & Gelberg

Peter Härtling wurde 1933 in Chemnitz geboren. Während des Zweiten Weltkrieges war die Familie auf der Flucht. Sie zog von Sachsen nach Mähren (im heutigen Polen), Österreich und schließlich nach Württemberg. Schon mit 13 Jahren verlor Peter Härtling seine Eltern. Sein Vater starb 1945 in russischer Kriegsgefangenschaft. Seine Mutter beging 1946 Selbstmord. Deshalb lebte er dann bei seiner Großmutter in Nürtingen. Dort besuchte er das Gymnasium.

Später arbeitete er als Redakteur bei einer Zeitung, ab 1967 in einem Verlag. Dort wurde er sogar Geschäftsführer. Seit 1973 arbeitet Peter Härtling als freier Schriftsteller.

Zuerst schrieb er Gedichte und Romane für Erwachsene. Dann begann er, auch für Kinder zu schreiben. Seine Bücher sind anders als viele zu dieser Zeit. Sie erzählen von Kindern und den Schwierigkeiten, die sie bewältigen müssen. Oft bleibt das Ende der Geschichten offen. Wie auch im wirklichen Leben gibt es nicht für alle Probleme eine Lösung. Für seine Bücher hat Peter Härtling zahlreiche Ehrungen und Preise bekommen.

Peter Härtling ist verheiratet und hat vier Kinder, die inzwischen längst erwachsen sind.

1. Wie alt ist Peter Härtling jetzt? ____________________

2. Der Autor hat viele Bücher für Kinder geschrieben. Vielleicht hast du auch schon ein anderes Buch von ihm gelesen. Schreibe fünf Buchtitel von ihm in deinem Heft oder Lesetagebuch auf. Du kannst im Internet oder in einer Bibliothek recherchieren.

3. Sicher haben dir deine Deutschlehrer/innen immer beigebracht, dass man in einer Geschichte oder einem Aufsatz nicht immer »Dann …« schreiben soll.

   a) Es gibt eine Stelle im 1. Kapitel, bei der sich Peter Härtling nicht an diese Regel hält. Wo leitet er oft hintereinander seine Sätze mit »Dann …« ein?

   Seite __________, Zeile ______________

   b) Was denkst du: Was könnte er damit bezwecken? Welche Wirkung hat dieser Absatz auf dich? Schreibe in dein Heft oder Lesetagebuch.

4. Welche andere Besonderheit ist dir beim Lesen von »Ben liebt Anna« aufgefallen? Schreibe in dein Heft oder Lesetagebuch.

Feedback-Bogen zum Roman

1. Welche Figur aus dem Roman fandest du sympathisch? Trage Zahlen ein. Die »1« bekommt die für dich sympathischste Figur usw.

Ben ☐ Anna ☐ Bens Mutter ☐ Annas Mutter ☐ Bernhard ☐

Herr Seibmann ☐ Bens Vater ☐ Onkel Gerhard ☐ Holger ☐

2. Welche Szene fandest du besonders spannend? ____________________

____

3. Gibt es etwas, was dir am Buch nicht so gut gefallen hat? ____________________

____

4. Jetzt ist dein Urteil gefragt! Kreuze an.

	stimmt total	stimmt	geht so	stimmt nicht
Mir hat es Spaß gemacht, das ganze Buch zu lesen.	☐	☐	☐	☐
Ich kann Ben gut verstehen, dass er sich in Anna verliebt.	☐	☐	☐	☐
Ich kann Anna gut verstehen, dass sie sich in Ben verliebt.	☐	☐	☐	☐
Ich finde es nicht so gut, dass Anna am Ende wegzieht.	☐	☐	☐	☐
Ich finde es schön, dass man sich das Ende der Geschichte selbst ausdenken kann.	☐	☐	☐	☐
Kinder können sehr genau wissen, was Liebe ist.	☐	☐	☐	☐

5. Wie fandest du das Buch insgesamt?

☐ sehr gut ☐ gut ☐ geht so ☐ nicht so gut ☐ schlecht

Begründung: ____________________

____

»Ben liebt Anna« im Unterricht © Beltz Verlag · Weinheim und Basel